49 PERGUNTAS SOBRE ESTRESSE

49 PERGUNTAS SOBRE ESTRESSE

Daniel Martins de Barros
Guilherme Funke
Rafael Brandes Lourenço

49 perguntas sobre estresse é uma publicação do Instituto Bem-Estar e integra a Coleção 49 Perguntas.
2017

Coordenação editorial
Daniel Martins de Barros
Supervisão Técnica
Sandra Alamino
Edição de conteúdo
Carol Scolforo
Projeto gráfico e diagramação
Wesley Costa

Todas as imagens deste livro foram retiradas do site freepik.com, exceto as imagens pagas ao site 123rf.com

Instituto Bem-Estar

Rua Dr Carlos de Morais Barros, 450
Vila Campesina, Osasco, SP
Cep 06023-000
Tel. (11) 3184-0082
www.institutobemestar.com.br
Facebook – facebook.com.br/institutobemestar
App - Instituto Bem-Estar

SOBRE O INSTITUTO BEM-ESTAR

Cuidar da saúde integral (física e mental) dos nossos pacientes é a especialidade do Instituto Bem-Estar, fundado em 2007. Muito além de tratar doenças, o propósito do nosso trabalho é oferecer o que há de mais moderno em diagnóstico e tratamento. Contamos com uma equipe de médicos especializados e atualizados, que atuam de forma integrada na busca de soluções para a saúde, aliando seus esforços à eficiência e ao conforto de nossa unidade. Recebemos o reconhecimento da farmacêutica Ipsen e integramos os últimos três anuários que destacaram os melhores da saúde. Somos referência em uso de Botox®, nas especialidades de Fisiatria, Neurologia, Dermatologia, Pediatria e Urologia, com uso exclusivamente terapêutico. O Instituto Bem-Estar atende por diversos planos de saúde, que variam de acordo com cada especialidade. Informe-se com a nossa Central de Relacionamento com o Cliente para saber sobre os planos autorizados e suas coberturas para atendimento.

INTRODUÇÃO

A saúde é nosso bem maior. Por seu valor ser incalculável, não se pode comprá-la. E para manter-se saudável é preciso entender como o corpo funciona, a fim de cuidar bem dele. Com essa ideia, desenvolvemos a Coleção 49 Perguntas, que traz questões sobre doenças importantes, respondidas de forma direta, simples de serem entendidas, com um conteúdo de leitura rápida. Nosso objetivo é tirar as principais dúvidas que às vezes são esquecidas durante a consulta, ou até mesmo informar todos os detalhes a você. A pergunta número 50 nós deixamos para você fazer a seu médico.

Neste volume, *49 perguntas sobre estresse*, pensamos em como o problema afeta os pacientes, que muitas vezes não sabem o que fazer diante de tantas questões novas. Detalhamos as respostas com base na experiência clínica, na literatura científica e nas diretrizes dos órgãos de referência. Esperamos que você encontre nessa fonte tudo o que procura e assim, faça escolhas seguras e conscientes, que tornem seu futuro mais saudável e feliz.

Boa leitura!

DOUTOR
DANIEL MARTINS DE BARROS

é psiquiatra no Instituto Bem-Estar, graduado e pós-graduado em Psiquiatria pela Universidade de São Paulo, e também pesquisador da área de Saúde Mental.
CRM 100.674

DOUTOR
GUILHERME FUNKE

é psiquiatra no Instituto Bem-Estar, graduado em Medicina pela Universidade Gama Filho, e especializado em Psiquiatria pela Associação Brasileira de Psiquiatria.
CRM 119.363

DOUTOR
RAFAEL BRANDES LOURENÇO

é psiquiatra no Instituto Bem-Estar, graduado em Medicina pela Universidade de Santo Amaro, e especializado em Psiquiatria pelo Hospital do Servidor Público Estadual.
CRM 133.721

sumário

1. O que significa estresse? 1
2. Qual a relação do estresse com nosso organismo? 1
3. Todos os animais ficam estressados? 1
4. Como o estresse acontece? 1
5. Existem hormônios do estresse? 1
6. Estresse é hereditário? 15
7. Crianças podem ficar estressadas? .. 16
8. Existem pessoas que não se estressam nunca? 17
9. Estresse é uma doença? 18
10. Quais são os sintomas de estresse? .. 19
11. Estresse pode levar ao adoecimento? 20
12. Quais órgãos são mais afetados pelo estresse? 21
13. Existem doenças relacionadas ao estresse? 22
14. Existe um estresse bom? 23
15. Quais as vantagens do estresse bom? 24
16. Como diferenciar estresse bom e ruim? 25
17. O que transforma o estresse bom em ruim? 26
18. Estresse ruim é o mesmo que ansiedade? 27

9	Ser ansioso é normal? 28	37	Os calmantes podem ser indicados? 46
10	A ansiedade pode se tornar uma doença? 29	38	Os remédios não viciam? 47
11	Quais as doenças da ansiedade? 30	39	Crianças podem usar medicamentos? 48
12	O que é a síndrome do pânico? 31	40	Existem remédios para as doenças da ansiedade? 49
13	Quais os sintomas do Transtorno de Ansiedade Generalizada? 32	41	É necessário realizar psicoterapia? .50
14	Como identificar o Estresse Pós--Traumático? 33	42	Quais tipos de psicoterapia são indicadas? 51
15	O que são fobias? 34	43	O que é a terapia de exposição? 52
16	O que é fobia social? 35	44	É bom colocar a raiva para fora? 53
17	Qual a diferença entre fobia social e timidez? 36	45	Contar até dez alivia a raiva? 54
28	Existe tratamento para o estresse? ..37	46	A solidão pode piorar o estresse? ...55
29	Qual o papel das mudanças de estilo de vida? 38	47	Uma pessoa estressada deve ser afastada do trabalho? 56
30	Os exercícios físicos ajudam? 39	48	Pais estressados transmitem o estresse para os filhos? 57
31	Quais atividades físicas podem ser praticadas? 40	49	Existe cura para o estresse? 58
32	Como a meditação pode ajudar? 41	50	E a próxima pergunta? 59
33	Como é possível praticar meditação? 42		
34	Ioga pode ser uma opção? 43		
35	Existem remédios para o estresse? .44		
36	Os antidepressivos não são apenas para depressão? 45		

1
O QUE SIGNIFICA ESTRESSE?

O estresse é uma reação que o organismo tem diante das pressões, tanto externas como internas. Pode ser um evento pontual ou situações cotidianas que se repetem e o induzem a produzir hormônios, como se o corpo se preparasse para combater uma guerra. Se for intenso ou contínuo, surgem sensações de desconforto, irritação, medo, preocupação, frustração, indignação e outras emoções negativas.

2 QUAL A RELAÇÃO DO ESTRESSE COM NOSSO ORGANISMO?

O estresse leva o corpo a liberar substâncias químicas que provocam reações fisiológicas. Assim, diante do perigo, ele será capaz de enfrentar o problema ou fugir. Com essas substâncias circulando pelo corpo, em um momento de pavor, os batimentos cardíacos aumentam, a pressão arterial se eleva, e o sangue é desviado do aparelho digestivo e da pele para os músculos, que se fortalecem e se preparam para combater o problema, a situação ou a rotina estressante.

3
TODOS OS ANIMAIS FICAM ESTRESSADOS?

Sim. Isso, de certa forma, pode ser positivo para sua sobrevivência, para enfrentar os perigos que surgem. Há também o estresse de adaptação, quando os animais precisam se acostumar com situações adversas, como viver fora de seu habitat, dividir o espaço com outros animais ou ter pouco contato com a natureza.

Com o tempo, o estresse pode evoluir para a depressão, tanto nos animais quanto nos seres humanos.

4 COMO O ESTRESSE ACONTECE?

O estresse é como uma defesa do organismo aos obstáculos e situações desafiadoras. De certa forma, ele ajuda o ser humano a sobreviver e a superar as dificuldades. No entanto, se essas situações se repetem, alteram todo o funcionamento do organismo. Substâncias químicas são liberadas continuamente, o que afeta os sistemas imunológico, endócrino e nervoso. Com o tempo, ocorre o enfraquecimento físico e psicológico, o que causa um estado de exaustão. Se a pessoa não consegue identificar esse estágio e tratar o problema, terá como consequência uma desordem interna que envolve aumento da pressão arterial, má circulação, dores musculares, dores nas costas e na região cervical e pode desenvolver outras doenças.

5
EXISTEM HORMÔNIOS DO ESTRESSE?

Sim. Os hormônios cortisol, adrenalina e noradrenalina são produzidos em excesso e liberados no organismo. Eles levam a uma série de prejuízos, porque estão em desequilíbrio: aumentam as chances de ter hipertensão e arritmias cardíacas, levam à obesidade, aumentam níveis de triglicérides, podem desenvolver o diabetes e diminuem as defesas do organismo, já que os leucócitos, células do sistema imunológico, têm sua função reduzida. Os hormônios do estresse, quando liberados em excesso, também atrapalham o aprendizado, além de trazer disfunções da tireoide e do sistema reprodutor, estimular problemas de pele, rigidez muscular, problemas gastrointestinais e ossos enfraquecidos.

6 ESTRESSE É HEREDITÁRIO?

Sim. A forma como reagimos às pressões em parte nasce conosco e, em parte, é moldada pelo ambiente. Pais estressados, que têm uma reatividade alta às pressões, por exemplo, tendem a transmitir essas características para seus filhos por duas maneiras. A primeira é genética, já que o estresse está ligado ao funcionamento do nosso sistema biológico. Mas também podem transmitir o estresse pelo exemplo: crianças que crescem em ambientes estressantes, vendo modelos de pais estressados, provavelmente sofrerão mais com o estresse.

7

CRIANÇAS PODEM FICAR ESTRESSADAS?

Sim. Cada pessoa reage de um jeito diferente às situações que surgem em sua vida. Ou seja, às vezes o mesmo evento que estressa uma criança pode não ter efeito algum sobre outra. A capacidade de adaptação às diferentes exigências da rotina é que faz a diferença nesses momentos.

8 EXISTEM PESSOAS QUE NÃO SE ESTRESSAM NUNCA?

Não. O estresse existe desde o tempo em que o homem habitava cavernas e precisava combater perigos que ameaçavam sua vida. Na condição humana, qualquer perigo pode ser uma ameaça, por isso não existem pessoas imunes ao estresse. Há pessoas que podem se adaptar a ele e não mais encarar as situações desafiadoras como exaustivas, mas no mínimo elas passam por momentos de estresse pontuais, que são comuns à vida humana. É possível que elas não percebam o estresse como algo ruim, ou como algo que elas não possam contornar. Em outros casos, é preciso que alguém de fora diga o quanto essa pessoa está irritada, com pouca energia, ou com sono prejudicado para que ela perceba que está estressada.

9 ESTRESSE É UMA DOENÇA?

Na visão da Organização Mundial de Saúde (OMS), o estresse não é classificado como doença. Normalmente, a Medicina se refere a ele como uma síndrome que afeta vários órgãos, com sintomas que desencadeiam doenças, se não for tratada.

10
QUAIS SÃO OS SINTOMAS DE ESTRESSE?

Inicialmente, o estresse dá sinais como cansaço, irritação, além de sono não reparador e baixa energia para realizar atividades cotidianas. É preciso ficar atento quando a pessoa não consegue equilibrar o tempo entre trabalho e lazer, tendo seu contentamento com a vida diminuído e sentindo que sua rotina está monótona. Quem passa por esses sintomas não consegue percebê-los, tamanho o envolvimento com seu ciclo estressante.

11 ESTRESSE PODE LEVAR AO ADOECIMENTO?

Sim. Como o estresse modifica as liberações de hormônios dentro do organismo e o faz alterar seus ciclos normais, funcionando acima do suportável, ele leva o corpo a desenvolver doenças.

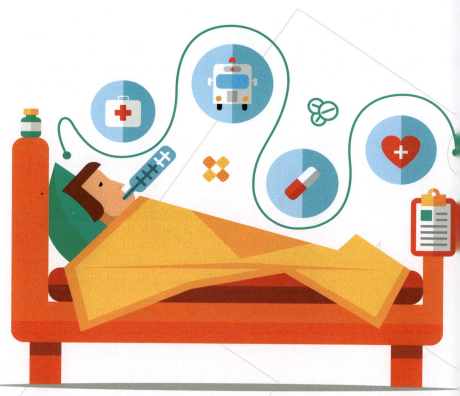

12 QUAIS ÓRGÃOS SÃO MAIS AFETADOS PELO ESTRESSE?

Em geral, o coração é o órgão mais afetado. Sua função é comprometida porque o estresse o estimula a trabalhar mais para manter as atividades normais. Mas o sistema endócrino também é afetado, produzindo os hormônios do estresse em excesso. A musculatura, que fica enrijecida, é afetada, assim como o sistema respiratório, já que a pessoa passa a respirar com mais força. O fígado, que produz mais glicose, faz o corpo reabsorver o açúcar no sangue, o que pode levar ao diabetes. O sistema digestivo (esôfago e estômago) reage com azia, náuseas ou dor, e cria úlceras, a longo prazo. No intestino, a digestão e a absorção dos nutrientes têm baixas. O sistema nervoso também passa por diversas alterações. Elas podem comprometer inclusive as funções do sistema reprodutor, cujas funções normais são interrompidas.

13 EXISTEM DOENÇAS RELACIONADAS AO ESTRESSE?

Sim. O estresse pode causar ou piorar a obesidade, doenças cardíacas como hipertensão e arritmias, diabetes, alergias, infecções, asma, bronquite, enxaqueca, problemas de tireoide, disfunções sexuais, problemas de pele, desordens gastrointestinais e fragilização dos ossos. Pode levar ainda a problemas como depressão, prejuízos cognitivos, perda de memória e transtorno do pânico, entre outros.

14
EXISTE UM ESTRESSE BOM?

Sim. Estudos apontam que o estresse é considerado bom quando ele é encarado como um agente que acelera as funções do corpo sem exaurir o organismo. Ou seja, quando a liberação de adrenalina faz funcionar melhor e mais rápido seus órgãos, sem exigir deles mais do que eles suportam. Quando os músculos ficam tensionados, o coração e a respiração são acelerados, e assim, mais oxigênio se espalha pelo corpo e também pelo cérebro, o que é bom. No entanto, quando o estresse é prolongado e extenuante, ele passa a ser negativo.

15
QUAIS AS VANTAGENS DO ESTRESSE BOM?

Ao manter a pessoa em estado de alerta, o estresse pode contribuir nas atividades cotidianas, na rotina de trabalho. Pode-se melhorar a tomada de decisões, por exemplo. Ele reduz o medo, aguça a memória, estimula a criatividade e a produtividade.

16 COMO DIFERENCIAR ESTRESSE BOM E RUIM?

É preciso observar as reações do corpo para diferenciar o estresse bom do ruim. Se o estresse surge por pequenos períodos e de forma pontual, trazendo sensações de satisfação e excitação, é positivo. Se ele faz parte da vida de forma longa e duradoura, induz a sinais de cansaço, reduz a energia da pessoa e afeta a memória, sinaliza prejuízos à saúde.

17
O QUE TRANSFORMA O ESTRESSE BOM EM RUIM?

O prolongamento de situações estressantes e um grande número delas transforma o estresse em algo ruim. Quando a pessoa se expõe repetidas vezes a ele, surgem sensações de opressão, descontrole, irritabilidade, ansiedade e angústia. Aprender a dosá-lo na rotina é necessário para evitar que ele se torne negativo.

18 ESTRESSE RUIM É O MESMO QUE ANSIEDADE?

Estresse descreve as consequências no nosso organismo diante das pressões, como explicado nas páginas anteriores. Já ansiedade é a sensação subjetiva de medo ou apreensão, voltada para o futuro, que normalmente acompanha momentos estressantes e pode virar uma doença.

19
SER ANSIOSO É NORMAL?

A ansiedade é um estado de excitação normal, se for pontual. Mas viver uma vida ansiosa, associada ao medo de uma ameaça constante, não é normal.

20 A ANSIEDADE PODE SE TORNAR UMA DOENÇA?

Sim, a ansiedade se torna doença quando a pessoa se mantém em estado de alerta de forma excessiva, desproporcional, com sofrimento intenso. Nesse caso, há tensão, inquietação interna, sentimento de apreensão, opressão e desconforto, sem saber as causas. Preocupações exageradas, insônia, irritabilidade, insegurança, fácil distração, dificuldade de concentração, entre outras sensações do tipo, também se tornam comuns. Se não for tratada, a ansiedade pode dar origem a outros distúrbios mais graves.

21
QUAIS AS DOENÇAS DA ANSIEDADE?

Entre as doenças da ansiedade se destacam a síndrome do pânico, o transtorno de ansiedade generalizada e o estresse pós-traumático, além de fobias de diversos tipos.

22. O QUE É A SÍNDROME DO PÂNICO?

É um transtorno de ansiedade que inclui crises repentinas de desespero e medo intenso. Embora não haja nenhum motivo aparente, o estado de pânico toma conta da mente da pessoa, o que impulsiona os episódios em momentos aleatórios. As crises frequentes geram ainda mais medo de novas crises, o que leva a um ciclo constante de ansiedades.

23 QUAIS OS SINTOMAS DO TRANSTORNO DE ANSIEDADE GENERALIZADA?

Um estado permanente de preocupação e tensão, mesmo sem motivo aparente, é o principal sintoma. Também estão presentes o cansaço, a irritabilidade, dificuldades para dormir, ou sono não reparador, e inquietação interna. Tensão muscular, tremores, dores de cabeça e problemas de estômago, como náusea ou diarreia, também podem surgir e sinalizar o transtorno de ansiedade generalizada.

24 COMO IDENTIFICAR O ESTRESSE PÓS-TRAUMÁTICO?

O estresse pós-traumático surge após alguma experiência que envolve a morte ou grave ameaça à vida. Os sinais incluem a reexperiência traumática, com pesadelos e lembranças espontâneas, que surgem sem que a pessoa queira e a fazem reviver cenas do trauma. Há também o sintoma de fuga e esquiva, quando a pessoa tenta se afastar de estímulos que possam trazer de volta as lembranças traumáticas, e o distanciamento emocional, que é a diminuição do interesse por atividades, pessoas e lugares que antes eram prazerosos. Outro sintoma é a hiperexcitabilidade psíquica, que traz reações de fuga desesperada, aceleração de batimentos cardíacos, transpiração, calor, medo de morrer, distúrbios do sono, dificuldade de concentração, irritabilidade, estado de alerta permanente, sensações de impotência, incapacidade de se defender, frustração e sensação de vazio.

25
O QUE SÃO FOBIAS?

As fobias são compostas pelo medo exagerado e relacionado a algum ser, objeto ou situação que representa pouco perigo às pessoas, mas para a pessoa em questão, significa uma ameaça imensa. Muito mais que o simples medo, a fobia é uma reação anormal a algum item que é pouco perigoso para as pessoas em geral.

26 O QUE É FOBIA SOCIAL?

Normalmente, ao conhecer pessoas novas ou falar em público, sentimos uma ansiedade comum diante do desconhecido. A maioria das pessoas consegue superar esse medo. No caso de quem tem fobia social, esse contato é evitado ao máximo e interrompe as relações com outras pessoas, afetando intensamente sua qualidade de vida.

27
QUAL A DIFERENÇA ENTRE FOBIA SOCIAL E TIMIDEZ?

A timidez é uma característica comum à maioria das pessoas e surge em diferentes níveis. No entanto, ao superarmos a barreira do desconhecido, que nos deixa pouco à vontade ao conhecer pessoas novas, é normal que a timidez desapareça. No caso de quem tem fobia social, esse obstáculo não é superado. Evita-se o contato com o outro, de qualquer forma. Quando esse contato é inevitável, as mãos transpiram excessivamente, a comunicação trava, e o desespero se instala.

28
EXISTE TRATAMENTO PARA O ESTRESSE?

Sim. O primeiro passo após identificar que o estresse causou exaustão é buscar um psiquiatra, que vai ajudar a identificar a causa do problema. Depois disso, é preciso encontrar meios de solucionar essa causa. Pode ser necessário mudar a rotina, os hábitos e incluir mais horas de sono e de lazer, para ajudar a equilibrar os níveis de hormônios do estresse. Exercícios físicos e psicoterapia podem ser necessários nessa fase, além de outras indicações médicas. Jamais recorra a remédios que não forem prescritos pelo profissional que acompanha o seu caso.

29 QUAL O PAPEL DAS MUDANÇAS DE ESTILO DE VIDA?

As mudanças de hábitos e de estilo de vida buscam equilibrar a liberação de hormônios no organismo. Ao diminuir atividades estressantes na rotina e introduzir novos hábitos, o corpo passa a produzir menos substâncias nocivas e a saúde pode melhorar.

30 OS EXERCÍCIOS FÍSICOS AJUDAM?

Sim. A atividade física regular diminui os níveis dos hormônios de estresse no sangue, aumenta a autoestima, ajuda a regular funções respiratórias e circulatórias, auxilia no equilíbrio do sono e tem efeito relaxante, o que ameniza a tensão muscular. Pesquisadores já apontaram que o exercício físico não só diminui os efeitos do estresse que já está instalado, como também preparam o organismo para enfrentá-lo em situações estressantes futuras.

31
QUAIS ATIVIDADES FÍSICAS PODEM SER PRATICADAS?

Os exercícios físicos devem ser realizados de três a quatro vezes por semana, por um período mínimo de 30 minutos. Atividades aeróbias ao ar livre, como caminhada, atividades coletivas, como corrida em distâncias pequenas, e de lazer, como dança, são as mais indicadas. O importante é que esse momento seja prazeroso e não lembre as situações estressantes.

32 COMO A MEDITAÇÃO PODE AJUDAR?

Por proporcionar relaxamento e desacelerar os batimentos cardíacos, a meditação pode ajudar a equilibrar a dosagem de hormônios estressantes liberados no organismo. Pesquisas comprovam que meditar durante 25 minutos por três dias seguidos já ajuda a aliviar o estresse.

33. COMO É POSSÍVEL PRATICAR MEDITAÇÃO?

É preciso sentar-se em um lugar calmo, numa posição confortável. Desligue celular, telefone, mantenha-se focado e atento a si, sem pensar em mais nada. Respire lentamente, inspirando e soltando o ar. Pense em sensações positivas, de bem-estar, por no mínimo 15 minutos, sem desfocar a atenção. Repita o ritual diariamente. Em alguns dias é possível sentir os resultados. Existem diversos aplicativos hoje que ensinam e ajudam a meditar.

34 IOGA PODE SER UMA OPÇÃO?

Sim. As posturas da ioga e seus rituais se relacionam a momentos calmantes, aumentam a amplitude dos movimentos corporais e relaxam os músculos. Os exercícios respiratórios (chamados de pranayama) equilibram emoções e ajudam a amenizar o estresse.

35
EXISTEM REMÉDIOS PARA O ESTRESSE?

Sim, mas eles devem ser prescritos pelo médico de acordo com cada quadro. Há ansiolíticos e antidepressivos dos mais variados; no entanto, além de recorrer a eles é preciso buscar as causas do estresse.

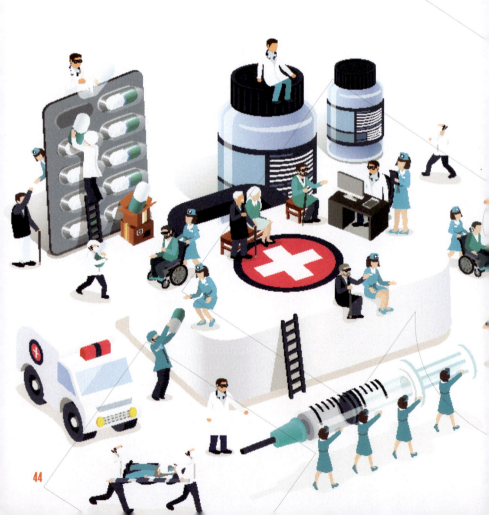

36 OS ANTIDEPRESSIVOS NÃO SÃO APENAS PARA DEPRESSÃO?

Não. Embora sejam medicamentos que foram criados para tratar a depressão, eles também podem atuar no tratamento de transtornos da ansiedade, entre outros.

37

OS CALMANTES PODEM SER INDICADOS?

Sim. Como dito em respostas anteriores, atividades físicas, psicoterapia e mudanças na rotina são essenciais. Em casos mais agudos ou intensos, contudo, o médico pode receitar calmantes por um tempo.

38
OS REMÉDIOS NÃO VICIAM?

A maioria deles não. No entanto, qualquer pessoa está exposta à dependência de remédios, embora apenas 5% dos pacientes atendidos em hospitais e clínicas se enquadrem nesse perfil. Normalmente, recomenda-se evitar o uso prolongado de remédios e buscar soluções para a causa do quadro de estresse.

39 CRIANÇAS PODEM USAR MEDICAMENTOS?

Sim. Mas no caso delas, os medicamentos controlados são uma opção possível apenas com rigorosa indicação médica. Em crianças, as medidas não farmacológicas são ainda mais importantes que em adultos.

40 EXISTEM REMÉDIOS PARA AS DOENÇAS DA ANSIEDADE?

Sim. Transtornos de ansiedade podem ser tratados de formas diferentes: com psicoterapia, com medicamentos e com uma combinação dessas duas opções. No entanto, cada caso precisa ser avaliado por um psiquiatra, que vai prescrever as dosagens e o melhor caminho a ser seguido.

41
É NECESSÁRIO REALIZAR PSICOTERAPIA?

Sim, a psicoterapia tem efeito positivo na identificação das causas do estresse, na mudança de hábitos e de estilo de vida, que serão necessários para solucionar o quadro.

42
QUAIS TIPOS DE PSICOTERAPIA SÃO INDICADOS?

Há diversos tipos de psicoterapia – terapia familiar sistêmica, breve, psicodrama, Gestalt, terapia de exposição, terapia cognitiva, para citar algumas. No entanto, cada uma delas se relaciona a um perfil, a um quadro de estresse que envolve sintomas complexos. Um profissional competente pode indicar a melhor terapia a ser seguida.

43
O QUE É A TERAPIA DE EXPOSIÇÃO?

É um tipo específico de terapia cognitivo-comportamental, usada geralmente para tratar transtorno de estresse pós-traumático (TEPT) e fobias. Essa terapia ajuda o paciente a controlar o medo e a angústia que geraram um trauma no passado, expondo memórias da cena, ou lembranças, de forma gradual ou por inundação, com diversos fatos de uma vez só. Mas é preciso escolher um profissional experiente para que não haja retraumatização. O terapeuta busca dessensibilizar o paciente em relação ao trauma, para que ele possa superá-lo.

44
É BOM COLOCAR A RAIVA PARA FORA?

Embora pareça uma boa ideia, extravasar a raiva não é uma opção eficaz. É preciso ter autocontrole para lidar com as situações estressantes, identificá-las e buscar a melhor solução para evitá-las futuramente. Quando a pessoa não consegue conter esse impulso agressivo, pode ser sinal de problema psiquiátrico, como o transtorno explosivo intermitente, também chamado de síndrome do pavio curto. Nesses casos, é preciso optar por psicoterapia associada a medicamentos.

45 CONTAR ATÉ DEZ ALIVIA A RAIVA?

Sim. Ao fazer isso, você interrompe o pensamento direcionado à explosão de raiva e alivia o momento de estresse. Respirar fundo é outra técnica que pode ajudar a fazer o ar circular internamente e organizar os pensamentos, rompendo o momento de irritação.

46 A SOLIDÃO PODE PIORAR O ESTRESSE?

Sim. A solidão, que consiste no sentimento de vazio, de abandono e da sensação de exclusão de um grupo, piora o estresse, a depressão e a ansiedade.

47

UMA PESSOA ESTRESSADA DEVE SER AFASTADA DO TRABALHO?

Se ela desenvolver uma doença incapacitante relacionada ao estresse, sim. Até que seja tratada e retome sua capacidade, a pessoa pode se afastar das funções cotidianas. Normalmente, quando supera os limites físicos e emocionais, o quadro de estresse pode levar à síndrome de Burnout, um transtorno que atinge potencialmente pessoas entre 35 e 40 anos com acúmulo de funções. Elas podem ter prejuízos irreversíveis se não buscarem tratamento correto.

48 PAIS ESTRESSADOS TRANSMITEM O ESTRESSE PARA OS FILHOS?

Sim. Seja por meio de genética ou por meio de hábitos como o de se alimentar rapidamente, ou pressionar a criança a cumprir agenda ou a acelerar a rotina, o estresse é transmitido em um conjunto de ações. Elas serão absorvidas facilmente pela criança, que ainda não tem capacidade de discernir se deve agir daquela forma ou não.

49

EXISTE CURA PARA O ESTRESSE?

Sim. É possível tratá-lo e evitar que ele volte a se instalar. Isso envolve mudança de hábitos, acompanhamento médico, psicoterapia e uma rotina equilibrada entre trabalho, família e lazer. Pode ser necessário incluir no dia a dia técnicas de relaxamento e rituais que ajudem a lidar com a rotina estressante.

50
E A PRÓXIMA PERGUNTA?
Quem faz é você. Procure seu médico e tire suas dúvidas.

49 PERGUNTAS SOBRE ESTRESSE

Copyright © 2017 Editora Manole, por meio de contrato com a Allergan Produtos Farmacêuticos Ltda. e de contrato de coedição com o Instituto Bem-Estar Serviços Médicos Ltda.

Minha Editora é um selo editorial Manole.

Este livro contempla as regras do Acordo Ortográfico da Língua Portuguesa.

Dados Internacionais de Catalogação na Publicação (CIP)
(Câmara Brasileira do Livro, SP, Brasil)

49 perguntas sobre estresse / Daniel Martins de Barros... [et al.]. – Barueri, SP : Manole, 2017. – (Coleção 49 perguntas ; v. 2)

Outros autores: Guilherme Funke, Rafael Brandes Lourenço
ISBN 978-85-7868-271-2

1. Estresse 2. Perguntas e respostas I. Barros, Daniel Martins de. II. Funke, Guilherme . III. Lourenço, Rafael Brandes. V. Série.

16-09106   CDD-616.98
                                  NLM-WM 172

Índices para catálogo sistemático:
1. Estresse : Medicina   616.98

Todos os direitos reservados.
Nenhuma parte deste livro poderá ser reproduzida, por qualquer processo, sem a permissão expressa dos editores.
É proibida a reprodução por xerox.
A Editora Manole é filiada à ABDR – Associação Brasileira de Direitos Reprográficos.

Editora Manole Ltda.
Av. Ceci, 672 – Tamboré
06460-120 – Barueri – SP – Brasil
Fone: (11) 4196-6000
Fax: (11) 4196-6021
www.manole.com.br
info@manole.com.br

Impresso no Brasil
Printed in Brazil

49 PERGUNTAS SOBRE ESTRESSE